Postkutschenskizzen

Christoph Cornehl

Für Miri, die all diesen Gedichten erst das Leben
einhauchte,
für Rose, die immer strahlend über jeder dieser Zeilen
schweben wird,
für Janine, Freundin im Geiste und auf der Bühne –
und für Elsa, die kuschligste Hündin der Welt!

INHALTSVERZEICHNIS

Vorwort

Tiefe Dankbarkeit ist die erste Emotion, welche ich bei diesem Vorwort verspüre. Es ist eine Dankbarkeit für all die Unwägbarkeiten des Schicksals, welche, bei all ihrer scheinbaren Widrigkeit, doch nicht verhindert haben, dass ich in diesem Vorwort nun nach Worten ringen darf und doch kläglich scheitern muss dabei, mein wahres Seelenleben auszudrücken. Folgerichtig ist das zweite vorherrschende Gefühl auch ein schier überbordendes Lampenfieber, als stünde ich auf einer Bühne und würde rezitieren. Ganz so ist es nicht, da kann ich jeden Leser beruhigen. Ich werde nicht in Leib und Gestalt anwesend sein, aber ich werde aus jeder der folgenden Zeilen sprechen. Ich werde von Sorgen und Kümmernissen erzählen, von überschäumender Freude, von Gemeinheit und Hässlichkeit, von Freundschaft und Liebe, von Ying und Yang und Gott und der Welt. Einige der folgenden Gedichte sind bewusst seicht gehalten, weil ich mir einen Ausflug in die Leichtigkeit der Seichtigkeit gönnen wollte. Ein unaussprechliches Vergnügen wird es daher werden, hier die reichlich bemessene Spreu vom Weizen zu trennen. Ich kann jedoch jeden Kritiker beruhigen, dass ich mich für den größten Teil bemüht habe, mir keine derartigen Ausreißer zu gestatten. Nun, da ich nicht mehr viele Worte machen will, bleibt mir nur noch eines zu sagen übrig:
Ich schrieb mit Fleiß und mit Vergnügen
Und wünsche nun aus vollen Zügen
Viel Spaß beim Lesen dieser Zeilen
Und auch beim Emotionen teilen!

An Pegasos

Komm her, mein gutes Flügelross,

ich hör die Worte rufen.

 Komm trage mich hinauf und lass sie mich betrachten.

Öffne mir dies Zauberschloss,

trage mich mit schnellen Hufen

hinauf auf den Olymp und lass mich jedes Wort
beachten.

Lang wähnte ich mich

Schon abgeschnitten und gefangen,

unfähig, mich zu rühren und den kleinsten Schritt zu
gehen.

Jetzt rufe ich dich

zur Weisheit noch mal zu gelangen,

um noch ein allerletztes Mal den Götterthron zu sehen.

Trage mich hinauf

Mit deinen himmelweiten Schwingen,

lass Glück und Traurigkeit zugleich in meiner Feder
sein.

Hebe du mich auf

Bis zu mir die Sirenen singen,

dann trag mich fort und gib' mir ihre süßen Worte ein.

Hinweg mit allen Fesseln

Und verschwunden sei'n die Zügel,

wenn du mich trägst, ist mir das allergrößter
Dichterlohn.

Nun steig' auf aus den Nesseln,

spanne deine großen Flügel

und trag mich, dass ich trinke aus dem Quell von
Helikon.

Ihr süßen Stunden

Und wieder ist ein Jahr vergangen,

eilte unbemerkt davon,

ist ungesehen fortgegangen,

ohne Abschied, ohne Lohn.

Wo seid ihr hin, ihr süßen Stunden?

Was bleibt von euch, wenn ihr vergeht?

Die Antwort hat man nicht gefunden

Und keinen gäb's, der euch versteht.

Ein weit'rer Zwölfmond ist Geschichte

Und wird schon bald Erinn'rung sein.

Ein neues Jahr hebt sein Gesichte

Auf in Hoffnungsfrohem schein.

Wo seid ihr hin auf leisen Sohlen?

Warum habt ihr euch aufgemacht?

Habt ihr euch heimlich fortgestohlen,

Feige, hinterrücks zur Nacht?

Das alte Jahr hat viel gekostet

An Freude, Kraft und vielen Müh'n,

der Mut ist etwas mehr gerostet,

wird nicht mehr jungfräulich erblüh'n.

Warum seid ihr denn nur verflossen,

wie Wasser durch die Finger rinnt?

Hat es euch allzu sehr verdrossen,

dass wir verschwenden, taub und blind?

Ich will dem Stumpfsinn Einhalt geben

Und schätzen jeden Glücksmoment,

denn was ich will, das ist das Leben,

dies sei mein größtes Argument.

Nun denn, ihr unvergess'nen Stunden,

ich weiß im ersten Frühlingshauch:

ich will den Weg zum Licht erkunden,

womöglich finde ich ihn auch!

Arzenei für Herz und Ohr

Als ich heut' in tiefem Sinnen

Im Walde lustgewandelt bin,

da ergriff mich ganz tief drinnen

ein Vogellaut und riss mich hin.

Schon war'n and're eingefallen

In einen lieblich hellen Chor

Tief im Kopfe fühlt' ich's hallen

Als Arzenei für Herz und Ohr.

Oh, wie süß und wie belebend,

wie Wein, der mir zu Kopfe stieg.

frei, entzündet, gleichsam schwebend

Ging ich ganz auf in der Musik.

Auf ging jede inn're Pforte,

fort war jeder Zauberbann,

das trotz all der bösen Worte

Ich dies Lied dir schenken kann.

Konnte es nach Hause bringen,

gerne trug ich es mit mir,

um es in dein Herz zu singen,

dann singt das Leben auch in dir.

Mut

Mut, beim Verzeihen den Anfang zu machen,

Mut, über Witze als Einz'ger zu lachen,

Mut, schon verlorene Schlachten zu schlagen,

Mut, der Verblödung den Kampf anzusagen,

Mut, einen gordischen Knoten zu kappen,

Mut, in ein jedes Fettnäpfchen zu tappen,

Mut, auf verwinkelten Pfaden zu gehen,

Mut, Tod und Leid in die Augen zu sehen,

Mut, ohne Flügel zur Sonne zu fliegen,

Mut, Trägheit und Schlendrian zu besiegen,

Mut, sich den Frust von der Seele zu schreiben,

Mut, nicht im Vorgestern hängen zu bleiben,

Mut, einmal selber den Frieden zu halten,

Mut, seine eig'ne Welt mitzugestalten,

Mut, wie der Igel den Has' zu bezwingen,

Mut, wenn man will, eine Arie zu singen,

Mut, nicht Gedanken von Zorn nachzugeben,

Mut, auch im Stoll'n nach den Sternen zu streben,

Mut, den Erwartungen And'rer zu trotzen,

Mut, auf Verpflichtung und Zwänge zu kotzen,

Mut, sich trotz Drillens sein Selbst zu bewahren,

Mut, aufzusteigen wie an Rapunzels Haaren,

Mut, rote Karten getrost zu riskieren,

Mut, auch mal sportlich und fair zu verlieren,

Mut, einmal richtig ins Abseits zu rennen,

Mut, falsch zu machen und anzuerkennen,

Mut, nie gesehenes Land zu bereisen,

Mut, all'n die Dummheit von Krieg zu beweisen,

Mut, für Vernunft eine Lanze zu brechen,

Mut, bis zum bitteren Ende zu zechen,

Mut, nach hoch hängenden Trauben zu haschen,

Mut, selbst vom Baum der Erkenntnis zu naschen,

Mut, nach dem rettenden Strohhalm zu krallen

Und Mut zur Gewissheit, man wird schon nicht fallen,

Mut zur Verzweiflung und auch Mut zur Tat,

der soll gepriesen sein, welcher den hat!

Kleiner Thymian

Haben uns oft missverstanden

Und uns oft nicht zugehört

Und uns wehgetan, obwohl wir einig waren,

suchten, was wir doch nicht fanden,

haben uns daran gestört,

das Innerste vom Andern zu erfahren.

Haben uns so oft gestritten

So wie Hund und Katz es tun

und wollten es stets noch einmal probieren.

Doch da war nichts mehr zu kitten,

alter Zank konnte nicht ruh'n

so blieb uns beiden nur, zu resignieren.

Oft seh ich uns festgefahren

Blind am Straßenrande steh'n

Und es kommt niemand, um uns abzuschleppen.

Keiner kommt vorbeigefahren,

nicht einmal Ampeln sind zu seh'n,

rings um uns ist nur wüstes Land und Steppe.

Dabei war einst so hoch geschossen

Unser junger Lebensbaum.

Mit Ästen, die schier bis zur Sonne ragten

War er kühn hinaufgesprossen,

doch nun endet dieser Traum,

trotz allem, was wir anstellten und wagten.

Oh, deine Stimme ist so warm

Und dein Lächeln gar so weich

Und deine Hände können Tote wecken.

Wer dich nie sah, ist bettelarm,

Wer dich kennt jedoch ist reich,

Doch ich sah immer nur auf deine Ecken.

Bin mit dir schlecht umgegangen,

hab dich armselig gepflegt,

Doch trotzdem soll'n dir niemals Zweifel kommen.

Trotz all der Gedankenzangen

Hat da jemand überlegt.

für dich hat Gott sich ganz viel Zeit genommen!

Meinen Kopf herabgesunken,

steh ich vor dir und bin stumm

und weiß vor lauter Scham nichts mehr zu sagen.

Vielleicht war ich schwer betrunken,

jedenfalls war ich ganz dumm,

hab jede Menge Schuld dir abzutragen.

Hab dir Blätter ausgerissen,

dir, mein kleiner Thymian,

trotz meines Mitgefühls mit all den Schwachen.

Doch nun quält mich mein Gewissen,

das ich nicht verdrängen kann.

Ich hätt' an dir so vieles gutzumachen.

Doch ich muss wohl langsam einseh'n,

dass ich dich nicht mehr verdien.

So viele Chancen hast du mir gegeben.

Zu viel Kompromisse eingeh'n,

Heißt für mich, den Kürz'ren zieh'n,

drum bin ich nicht gut für ein Zusammenleben.

Ich muss erst einmal die finden,

die mich ohne Schmerzen liebt

und fähig ist, mich wirklich auszuhalten.

Mög' derweil niemals erblinden

Dieses Licht, das dich umgibt

Und deine Sonne niemals mehr erkalten!

Das Beste umsonst

Will wissen, wie der Dollar steht

Und ob der DAX floriert

und seh'n im neuen Sky-Paket,

ob mein Verein brilliert.

Ich bin seit Jahren stadtbekannt

Als Spiegelabonnent,

und Hobby-Börsenspekulant,

der jeden Kurswechsel erkennt.

Doch leg' ich meinen Kopf in ihren Schoß,

ist das, soweit ich weiß, noch kostenlos!

Ich schaff' mir einen Swimming Pool

Für 15 Riesen an

Und komme vor der Firma cool

Mit 'nem Ferrari an.

Der ist ein wahres Teufelstier

Mit Stil und Extralicht,

für jeden Fahrer eine Zier,

doch eines kann er nicht.

Wenn du mich abends mit ,nem Kuss belohnst,

bekomme ich den immer noch umsonst!

Das Leben ist so teuer

Und der Frust vorprogrammiert,

denn alles wird stets neuer

und noch etwas optimiert.

Unsre Lebenshaltungskosten

Machen sie zum Eiertanz

Und ihr Herzstück sind die Posten

Auf der Jahresendbilanz.

Doch der Mensch, der meine Hand in seiner hält,

tut das hoffentlich nicht für ein Schmerzensgeld!

Über den Tod

Die Menschen schaffen, wirken, bauen,

wollen voller eitlem Grauen

Wahrheit nicht ins Auge schauen:

Einst wird man gestorben sein.

Die Menschen kämpfen, lernen, streben,

um sich Grillen hinzugeben,

heut' noch jung und voll im Leben,

morgen dürr und bleich und klein.

Man glaubt an Götter, Religionen,

erschafft Gebäude seit Äonen

aus Angst gebaut und Illusionen,

belügt sich selbst von Mal zu Mal.

Man will sich gern beherrschen lassen,

flaniert geduldig mit den Massen,

bis fahle Hände einen fassen

zum letzten Weg durch das Portal.

Wie sehr wir uns dagegen wehren,

das Kind die Lust am Leben lehren,

mit Ängsten unser Herz beschweren,

macht uns der Tod doch kalt und still.

Doch was, wenn er uns gar nicht richten,

nicht entleiben und vernichten,

sondern einen holden, lichten

Weg zum Frieden zeigen will?

Wenn nun der Tod mit herrlich warmen,

freundlich ausgestreckten Armen,

sich der Menschen zu erbarmen,

uns erwartet, irgendwann,

wenn der, den wir aus Furcht verschweigen,

uns den Weg ins Helle zeigen,

dass man in den Himmel steigen,

wahres Glück erleben kann?

So müßig, unlösbare Fragen,

die den Menschen ewig plagen,

immer vor sich her zu tragen,

wie ein Banner in die Schlacht.

Was einmal kommen soll, wird kommen,

den Rebellen und den Frommen.

Jeder wird hinfort genommen

Und mit Glanz zu Grab' gebracht.

Da wohl doch besser ganz sich geben,

den Moment bewusst erleben,

nicht nach fernen Dingen streben,

hier und heute glücklich sein.

An einer bess'ren Erde bauen,

ohne Angst und ohne Grauen

in die eig'ne Zukunft schauen,

Furcht und Sorgen werden klein.

Ein Lied, das bei dir bleibt

Die Welt ist schnell und viel zu laut,

nichts bleibt darin konstant,

allein dein Haar auf meiner Haut,

und deine warme Hand.

Die Welt ist nur ein kleines Floß,

das rasch im Wasser treibt,

und nichts darin steht fest, als bloß

ein Lied, das bei dir bleibt.

Du bist für mich wie Sommerwind,

der über Blumen streicht,

wie ein graziles Elfenkind,

das mir das Herz erweicht.

Du bist schon längst ein Teil von mir,

denn wie der Wind auch weht,

begleitet dich ganz nah bei dir

mein Lied, das mit dir geht.

Bei uns'rem allerersten Kuss,

da wurde mir so heiß,

das ich bis heut dran denken muss,

wenn ich nicht weiter weiß.

Ganz gleich, was uns dereinst geschieht -

Ich liebe dich ganz doll,

drum schreibe ich dir heut dies Lied,

das uns verbinden soll!

Und dann erklimmen wir zu zweit

Die unbestieg'nen Höh'n

und trotzen jeder Widrigkeit

und allen starken Bö'n.

Und weiß ich auch die Wege nicht,

die unser Schicksal schreibt,

schenk ich dir doch mit dem Gedicht

ein Lied, das bei dir bleibt!

Mach das Licht an!

Ich sehe, in dir ist es düster,

in deiner Seele tobt ein Krieg

und ein schwarzer kahler Lüster

verbreitet grausame Musik.

In dir gibt es so viele Kammern

Voller Trauer und Verlust

Der Schmerz hat Krallen, die sich klammern

In deine leidgeplagte Brust.

Ich will dich davon befreien, was ich nicht kann,

drum wach auf und tu es selber - mach das Licht an!

In dir ist vieles schon zerbrochen,

so viele Hoffnungen zerstört,

so vieles hast du dir versprochen,

so wenig davon wart erhört.

Ich möchte manchmal um dich weinen,

als ob ich dich zu Grabe trug.

Dann will mir alles nichtig scheinen

In deinem schwarzen Trauerzug.

Wenn dir das Leben Dunkelheit verspricht, dann

Halt ihm dein Inneres entgegen - mach das Licht an!

Schon zeigen sich die ersten Blätter,

erschallt der Amsel Melodei,

aber in dir drückt noch das Wetter

so kalt und hart auf dich wie Blei.

Ach, spürtest du die Sonnenstrahlen

Doch nur sanft auf deiner Haut.

Verscheuchten sie doch deine Qualen

Und der Eisberg in dir taut.

Heb' deinen Kopf. Berührt die Sonne dein Gesicht, dann

Lass sie in deine Seele ein - mach das Licht an!

Zwar ist schon vieles dir zerronnen,

verschlissen wurde viel an Kraft,

aber der Frühling hat begonnen.

Du hast so vieles schon geschafft.

Zwar ist in dir schon viel gestorben

Und mancher Hoffnungskeim verweht,

doch hast du auch vieles erworben

und in dir vieles aufersteht.

Ich sage dir, mein Schatz, ein neuer Tag für uns bricht an,

so gib ihm bitte eine Chance - mach das Licht an!

Minnesang

Höchstallerliebste mein,

es schreibt dir, dich zu ehren

voll bitterlicher Zähren

ein armes Sünderlein.

Dieweil die Sonne fällt,

auf einem Steine sitzend,

in meine Tafel ritzend,

schreib ich dir ohn' Entgelt.

Wie sehr es mich verlangt,

dich, Holde, anzusehen,

wirst du wohl nie verstehen

hast du doch nie gebangt

wie ich an deiner Tür,

zehn Nächte auszuharren,

zu dir hinauf zu starren,

ganz ohne Lohn dafür.

Doch nun bin ich voll Scham,

denn, schönste, ich gestehe,

mir tut das Kreuz so wehe

und auch der Geist ist lahm.

Es ist doch eine Schmach,

vor tausend Jahr'n zu leben,

von Syphilis umgeben.

Denk mal darüber nach!

Ein Freund ist

Die Welt ist unvermittelt eingebrochen

und du fragst dich: wem kann ich noch vertrau'n?

Jeder hat dir irgendwas versprochen,

doch am Ende konntest du darauf nicht bau'n.

Du sehnst dich so nach jemandem auf Erden,

der wahrhaft fühlt und dich wie kein Zweiter versteht,

der ohne böses Wort, ohne Beschwerden

in jeder schweren See treu zu dir steht.

Doch Freunde sind nicht einfach zu bekommen,

zu viele gleiten lieber mit dem Strom,

nein, diese sind noch nie richtig geschwommen

und wollen auf dem leichten Weg nach Rom.

Ein wahrer Freund kreuzt in rauen Gewässern,

er ist kein Hund, welcher mit Starken streunt,

ein wahrer Freund geht nicht mit Freigeistfressern,

nur wer den schwachen hilft, der ist ein Freund.

Ein Freund ist, der da kommt, wenn du alleine

und gottverlassen auf dem Schulhof stehst,

ein wahrer Freund ist wirklich, wie ich meine,

der dich sucht, wenn du im Wald verloren gehst.

Ein Freund ist für dich Antrieb und Tragfläche,

weil dein Hilferuf von überall zu ihm dringt,

ein Freund ahnt in dir jede kleinste Schwäche,

weil er für dich in jede Bresche springt.

Es ist uns're Mission, den Freund zu finden,

der, der uns aufrecht hält bei jedem Gang,

allein, die Zuversicht darf niemals schwinden,

wenn du auch nach ihm suchst, ein Leben lang.

Denn hast du deinen Freund erst mal gefunden,

dann ist er bei dir, wenn du verletzt bist und schwach,

dann heilt und kühlt er alle deine Wunden

und selbst in tiefstem Schlaf küsst er dich wach.

Ich möchte eine Hecke ziehen

Ich möchte eine Hecke ziehen,

die jeden Blick auf mich verstellt,

als Zufluchtsort vor aller Welt,

dahinter würd' ich ihr entfliehen.

Ich würd' mir einen Garten pflanzen,

erfüllt wär er vom Lilienduft

und durch die sommerfrische Luft

säh' ich dann Pusteblumen tanzen.

Ich würde einen Teich anlegen

Mit Rohrkolben und Tausendblatt.

Fliegen gäb's und Mücken satt,

der Kröten und der Frösche wegen.

Das Eichhorn ließ' ich bei mir wohnen

In einem kräft'gen Walnussbaum.

Dort hätte es genügend Raum,

würd' mir die Müh' mit Nüssen lohnen.

Und abends dann die Maulwurfsgrillen

Gäben mir Ruh mit ihrem Lied.

Auch Heimchen täten dabei mit

und könnten meinen Kummer stillen.

Dann fasse ich nach deinen Händen

Und drücke sie ganz sanft, mein Schatz,

denn hier an uns'rem Lieblingsplatz,

da sollt' mein Leben enden!

Der Seiltänzer

Erst ist es kaum zu erahnen,

alles geht noch seine Bahnen,

doch der große Tag wirft seine Schatten schon voraus.

Eines Morgens knallen Türen,

Mensch, Pferd, Kuh und Esel spüren:

Heute bleibt nicht Jung und Alt in seinem eig'nen Haus.

Kommet all' heran, ihr Leute,

kommt, denn es ist Markttag heute,

Freude, Spaß und Spiele gibt es hier zum besten Preis.

Jeder ist heut' auf den Beinen

Und es gibt bestimmt nicht einen,

der für sich kein Stück vom Kuchen zu erhaschen weiß.

Gaukler, Bader, Feuerspucker,

Troubadoure, Messerschlucker,

alles gibt die Ehre sich an diesem Freudentag.

Schneider, Bäcker, Hungerleider,

Freudenmädchen, Beutelschneider,

alles hofft, dass manche Münze locker sitzen mag.

Welch Gerüche, welche Klänge,

welch ein buntes Schaugepränge,

manches Auge weiß nicht, wohin es sich wenden soll.

All die süßen Köstlichkeiten,

über die die Blicke gleiten

machen manchem armen Hund die Augen übervoll.

Dort am Himmel, gleichsam schwebend,

schlendert, nur ganz leise bebend,

wie ein junger Gott ein Mann auf seinem dünnen Seil,

leise die Balance haltend,

wie über den Himmel waltend,

als bewachte er die Welt und brächt' das Seelenheil.

Bloß nicht auf die Füße sehen,

wie auf Wolken muss er gehen,

nur dies Hanfgebilde zwischen Erdboden und sich.

Wie 'ne Maus die Füße setzen,

lediglich das Seil benetzen,

als wär's nur der Wind, der sanft den Faden überstrich.

Spannung halten, bloß nicht schwanken,

wie aus Stahl sind die Gedanken,

aber ignoriert zu werden ist heute sein Los.

Mutig, aber kaum beachtet,

klein, von unten aus betrachtet.

wenn er jetzt vom Seile fiele wär' der Schreck nicht
groß.

Alles wimmelt, schreit, verhandelt,

aber doch ist er verwandelt,

tanzt ganz selbstvergessen auf dem Seile vor sich hin.

Kein Spott kann ihn hier erreichen,

Zweifel, Wut und Ängste weichen

Vor dem Himmel, der sich ausgebreitet hat um ihn.

Abendstund', die Stände schließen,

Honigmet und Branntwein fließen

In den Schenken, wo man sich bis in die Nacht ergeht.

Alles liegt wie ausgestorben,

einen Tag hat man geworben

um die Gunst der Leute wie's der Händler nur versteht.

Unser Tänzer steht verloren,

aber doch wie neu geboren,

heute gab es keinen Lohn für ihn, keinen Applaus.

Still ist er vom Seil gestiegen

Und war doch so nah am Fliegen,

nun hält er die Schmähungen und Tritte wieder aus.

Postkutschenskizzen

Ich darf beim Kutscher auf dem Bock

Bei bester Aussicht sitzen,

hab vor mir einen Zeichenblock

und mache meine Skizzen.

Ich fahr, wohin die Pferde woll'n,

sie werden mich schon bringen.

Ich schreib' vom Tod, von Blütenpoll'n

Und andern wicht'gen Dingen.

Ich hör, wie die Braunelle schlägt,

die Pferde wieh'rn und schnauben.

Ich schreib von Hoffnung, die uns trägt

Und von verzagtem Glauben.

Ich weine, singe, reib mich auf

An meinen Wiederständen

Und an der Welt geschwindem Lauf

Und ihren vielen Bränden.

Der Wind pfeift mir um Nas' und Ohr,

die Kutsche fühl ich schwanken.

Die Sehnsucht herrscht beständig vor,

an ihr musst' ich erkranken.

Sehnsucht, dass Motorsägen stumm,

die Bäume stehen bleiben,

doch ich sitz' hier und schau mich um

und darf darüber schreiben.

Ich höre Frau'n und Männer stolz

Von Freud' und Frieden sprechen

Doch ihre Reden sind aus Holz

Und das kann ganz leicht brechen.

Man spricht von Volk und Vaterland

In ihren großen Sälen,

von Schwertern in Soldatenhand -

ich könnt' euch was erzählen!

Doch ich kann oben leicht und frei

Am Sauerampfer lutschen.

Mag sein, sie ist schon längst vorbei,

die Zeit der Pferdekutschen.

Doch anders ist's nicht möglich mir

Als auf ,nem gelben Wagen,

die Zeit, dies große wilde Tier,

die Last der Welt zu tragen.

Grabesrede

Manchmal, da kommt sie über mich,

die bange Frage, die man sich

schon seit zehntausend Jahren stellt,

was von mir einst noch übrig ist

und ob man mich dereinst vermisst,

verlass' ich einmal diese Welt.

Wer wird an meinem Grabe steh'n?

Was werde ich dort oben seh'n,

drüben, wo niemand wiederkehrt?

Werd' ich noch wissen, wer ich bin?

Was hat dann wohl noch für mich Sinn?

Was ist das Leben dann noch wert?

Wurd' ich dreißig, oder hundert?

Wurd' geliebt oder bewundert,

oder war ich ein krankes Schwein?

Doch während mich die Frage treibt,

weiß ich doch, dass von mir nichts bleibt,

als Blumen, Kränze und ein Stein.

Wer geht über den Styx voraus?

Wie üppig wird mein Leichenschmaus?

Wie wird's geregelt mit dem Geld?

Herrscht Regen oder Sonnenschein?

Wie traurig wird der Pfarrer sein,

der an dem Grab die Rede hält?

War ich wohl glücklich, oder matt,

verbittert und des Lebens satt,

ist's für mich Segen oder Fluch?

Wird mir vielleicht ein Kind geschenkt,

auch eine Frau, die an mich denkt?

Wie sauber ist mein Leichentuch?

Wird man mich wie ich war versteh'n?

Wird man auch meine Fehler seh'n?

Ist mir am Ende jemand gram,

weil ich im Leben Wunden schlug

und, ehe man dem Rechnung trug,

feig durch das Himmelstor entkam?

Leidet die Welt noch unter Krieg?

Wie steht es in der Politik?

Oder wird meine Hoffnung wahr?

Zieht endlich Frieden in die Welt?

Und dem, der nach dem Munde bellt,

wird ihm nun endlich einmal klar,

dass für den letzten Friedensschluss

der ganze Mensch sich ändern muss

und dass ein einzelner nicht reicht?

Was wird bis dahin noch gescheh'n?

An welcher Kreuzung werd' ich steh'n,

wenn mir der Tod die Segel streicht?

Ich hab' mein Leben noch vor mir,

aber dies schwör' ich heut und hier,

dass ich der Welt die Zähne zeig:

ich werd' nicht wanken, werd' nicht flieh'n,

wenn alle Ander'n sich verzieh'n,

schwör' ich, dass ich mich nicht verneig!

Und er wird weiter geh'n, der Streit

Für Frieden und Gerechtigkeit

Zwischen den Menschen auf der Welt,

bis kein Land sich je mehr bekriegt,

bis Freundschaft über Kampflust siegt,

ja, dann zieht niemand mehr zu Feld!

Fürs Alter wünsche ich mir sehr,

dass mir ein Garten eigen wär,

verwildert und ganz ungestutzt,

als Heimat für kleines Getier,

ja, wahrlich, das gefiele mir,

dann hätte ich doch was genutzt.

Und werdet mir bitte nicht fremd,

lieg' ich auch da im Totenhemd,

so vergesst mich nicht, wie ich war,

ich war genauso, wie ihr auch,

klein bis zum letzten Atemhauch,

ich hoffe doch, das ist euch klar.

Und an die Freundin, die mich liebt,

falls es sie für mich dann noch gibt,

richte ich meinen letzten Gruß.

Du bist allein, doch sei nicht bang,

ich glaub', es dauert gar nicht lang,

komm, gib mir lieber einen Kuss.

Bei dir bleibt von mir auch ein Stück,

etwas von meinem Lebensglück,

aber nun muss ich einfach geh'n.

Mach es uns beiden nicht so schwer,

neig dich noch einmal zu mir her,

au revoir, Tiao, auf Wiederseh'n!

Wunschdenken

Ach, könnte ich mein Haus doch tragen

Der Schnecke gleich von Ort zu Ort,

so ließe ich mir nichts mehr sagen

und rutschte still von hier nach dort.

Dabei ließ' ich mir ganz viel Zeit,

wär' grad so schnell, wie's mir gefällt

und käme dadurch meilenweit

und ungehindert durch die Welt.

Doch dies ist mir nicht zugemessen,

so sehr ich's mir auch wünschen mag.

Mein Wunsch aber wird nicht vergessen

Und wird geträumt an manchem Tag.

Ach, könnt' ich doch den Vögeln gleich

Emporsteigen mit starken schwingen,

in meinem luftumwehten Reich

die Wirr'n der Thermik zu bezwingen.

So ließe ich den Zwang der Erde,

die Hast, den Stumpfsinn hinter mir,

auf das mein Geist erhoben werde

in dieses luftige Revier.

Auch dies scheint mir nicht zugemessen,

so sehr ich mich auch sehnen mag,

so bleibt mir nur noch, unterdessen

zu träumen jeden Flügelschlag.

Ach, könnt' ich durch die Steppe fliehen,

gepardengleich auf großer Hatz,

so würde ich mich nimmer knien

und Freiheit wär' mein größter Schatz.

Ich schlöss' mich keinem Rudel an,

jagte nur still für mich allein,

kein Herr und auch kein Untertan,

würd' einzig mir verpflichtet sein.

Auch dies hat mir nicht zugemessen

Der, dem dieses Recht oblag,

so muss ich im Verbunde fressen

und darf nur träumen jeden Tag.

Und beim Sinnier'n werd' ich gewahr,

dass ich ein Menschgebor'ner bin

und ich mach' den Geist mir klar

und frage mich nach einem Sinn.

Ob gut, ob schlecht, wir Menschen sind

Doch als erstes keins von beiden,

doch sind wir weder taub noch blind,

können lieben oder leiden.

So nehm' ich, was mir zugemessen

Und tue Gutes jeden Tag.

Ich pflege Wunden, geb' zu Essen

Und hoff', dass ich was ändern mag.

Es standen vier Trauerweiden

Es standen vier Trauerweiden

in dem grünen Wiesenstück,,

Zuflucht waren sie uns beiden,

heut' kam ich dorthin zurück.

Es passiert, dass ich mich frage,

wie viel Zeit wir dort verbracht,

viele unvergess'ne Tage

und so manche kalte Nacht.

Oftmals sind wir ausgerissen,

blieben manchmal Tage fort,

es gab weder Bett, noch Kissen,

doch dafür kein böses Wort.

Nachts sangen die Nachtigallen

über uns'rem Bett aus Gras,

ließen ihren Ton erschallen,

perlend leise, wie aus Glas.

Hier konnte man Kätzchen pflücken,

wenn der Lenz im Lande war.

Einmal, um dich recht zu schmücken,

steckt' ich eine dir ins Haar.

Wie konnten wir drüber lachen,

sorglos und so unbeschwert,

heut' denk ich an diese Sachen

und erkenne ihren Wert.

Wir hörten die Tannenmeise,

die ihr Lied über uns sang,

derweil tuschelten wir leise,

ohne Zaum und ohne Zwang.

Wir rührten ganz ohne Schranken

an das Schönste, das es gibt

ungewohnt noch die Gedanken,

doch wir war'n erstmals verliebt.

Erstes zaghaftes Erkunden

und der allererste Kuss,

leidenschaftlich heiße Stunden,

und dann folgte schnell der Schluss,

dass wir eigentlich zu zweien,

nicht allein geschaffen sind,

dachten schon in Träumereien

längst an unser erstes Kind.

Doch es ist nicht so gekommen,

unser Glück hielt nicht lang vor,

Schicksal hat dich mir genommen,

dass ich deine Hand verlor.

Du wolltest etwas erreichen,

wolltest fort und hoch hinaus,

ich musste der Schule weichen,

doch es wuchs nur Leid daraus.

Dass wir hier den Frieden fanden,

ist schon viele Jahre her,

selbst die Weiden, die hier standen,

gibt es lange schon nicht mehr.

Einst hat man sie abgehauen

im April im vor'gen Jahr,

um Fabriken zu erbauen,

weil das bitternötig war.

Über mir in kahlen Zweigen

Singt ein Ortolan sein Lied,

wohl, um mir damit zu zeigen,

dass nicht jeder vor mir flieht.

Ist auch nicht mehr viel zu sehen,

alles trostlos, grau und kahl,

seh ich doch die Weiden stehen,

wie beim allerersten Mal.

Geh!

Hast eine Mauer aus Schweigen gebaut,

Ärger und Frust haben sich angestaut

Und ziehen dich unrettbar mit.

Du schaust voller Zorn auf dieses Gesicht

Und im Inneren hältst du schon Gericht

Für den einen, den letzten Schritt.

Dieser Streit ist nun wirklich der letzte,

keinen gab's, der dich je so verletzte

und du spürst, dass es dir jetzt reicht.

Worte beginnen in dir zu entsteh'n,

die dir erlauben, dich jetzt fortzudreh'n –

sie zu sagen wäre so leicht!

Geh, um mir nie mehr ins Auge zu schau'n,

geh, denn nie wieder will ich dir vertrau'n,

geh, denn mir ekelt vor deiner Gestalt,

geh, wenn nicht friedlich, so auch mit Gewalt!

Geh, geh, geh,

dass ich dich nie wieder seh!

Sie regt dich so auf, diese Diskussion,

schon wieder die gleiche Situation,

du bist diese Dinge so leid.

Du redest dich warm, jedes Argument,

so viel Emotionen in einem Moment –

ein zähes Bonbon, diese Zeit!

Ein Wort gibt das and're, nun stehst du da,

kaust auf deiner Zunge, das Ende nah,

und doch will das Wort nicht heraus.

Dabei wär' es so einfach, schnell und glatt,

setze ihn doch, den endgültigen Cut.

Was hält dich? Was harrst du noch aus?

Geh, um mir nie mehr ins Auge zu schau'n,

geh, denn nie wieder will ich dir vertrau'n,

geh, denn mir ekelt vor deiner Gestalt,

geh, wenn nicht friedlich, so auch mit Gewalt!

Geh, geh, geh,

dass ich dich nie wieder seh!

Doch langsam spürst du den Groll verrauchen

Langsam, ganz langsam kannst du auftauchen

Aus den Gefilden deiner Wut.

Willst du es nicht noch einmal probieren?

Bedenk, wie viel würdest du verlieren?

Und meistens war es doch ganz gut.

Du willst verzeih'n, Entschuldigung sagen,

du kannst den Hass nicht länger ertragen,

Nun wohlan, was zögerst du noch?

Nicht diese letzte Brücke zerstören,

nicht einen trennenden Türenknall hören,

so zög're nicht – nun sag' es doch!

Bleib, denn ich will in dein Auge dir schau'n,

bleib, denn ich will mich dir anvertrau'n,

bleib, denn so schön ist doch deine Gestalt,

bleib, denn mit dir trotz' ich Schmerz und Gewalt!

Bleib, bleib, bleib,

dass ich dich niemals vertreib'!

Keine Antwort

Ich denke an die Frau an meiner Seite

Und frage mich, was sie noch bei mir hält,

obwohl ich mich mit ihr doch zank und streite

und es oft scheint, als ob alles verfällt.

Die Antwort, zu der ich schließlich gelange

Ist schlicht und einfach, dass es keine gibt.

Ich deute die Zeichen, die ich empfange

Trotz all der Kämpfe so, dass sie mich liebt.

Wir haben manchen bittren Frost durchstanden

Und uns war warm, weil es den Andern gab.

Wir suchten Frieden, den wir doch nicht fanden,

da half` kein Flehen und kein Zauberstab.

Wir haben manchen hohen Pass erstiegen,

Geysire und Erdbeben überlebt

Und konnten lang über den Wolken fliegen,

gemeinsam sind wir bis zum Mond geschwebt.

Ich liebe diesen Duft in ihren Haaren,

den Hauch von Pfefferminz und Eau de Toilette.

Wenn sonst nichts hilft, kann er mir offenbaren,

wie viel ich mit ihr doch verloren hätt.

Ich liebe ihre sanfte Art zu sprechen

Und ihre Offenheit und ihren Mut.

Nur sie vermag allein das Eis zu brechen

Und spült hinfort Verzweiflung, Hass und Wut.

Ich glaube, dass ich lange in der Wüste

Ein einsam wandernder Nomade war,

doch dass im Augenblick, da sie mich küsste

sie in mir wieder neue Kraft gebar.

Wie kann ich ihr all dies jemals vergelten?

Dies kleine Lied hier ist nur ein Versuch,

doch zwischen ihr und mir liegen noch Welten

dies aufzuschreiben, füllt ein dickes Buch.

So bleibt mir nur noch, niemals zu verzagen,

an sie zu denken in der Dunkelheit.

Ich sollte aufhören, mich stets zu fragen,

warum sie bleiben will trotz manchem Streit.

Es geht mir besser, lern ich einzusehen,

dass es darauf doch keine Antwort gibt,

und trotzdem werde ich wohl nie verstehen,

was sie an mir nach all der Zeit noch liebt.

Kleine Orchidee

Einsam, allein in wüsten Land

War es, als ich dies Pflänzchen fand,

das sich beharrlich in der prallen Sonne hielt.

Im Sande wie ein Turm so grad

So stand sie da vor mir und hat

Gerade auf mein kleines kaltes Herz gezielt.

Ich betrachte deine Blüten

Und ich möchte dich behüten

Vor den Stürmen und dem Übel, das ich sehe.

Dich, meinen kleinen Augenstern,

dich, mein Signal von nah und fern,

dich, meine Freundin, meine kleine Orchidee.

Ich fühle mich so wie ein Brief,

den man in einer Flasche tief

in einen Ozean versänkt.

Für Jahre reist er durch die Welt,

sieht zu, wie manches Schiff zerschellt,

bis sie ihn endlich einst empfängt.

Halt meine Hand, ganz nah bei mir,

ganz in uns selbst, so sitzen wir.

Du sagst mir Worte, die nur ich verstehe.

Sprich dich nur aus, ich höre zu,

dann, meine Blume, finde Ruh,

du mein Glöckchen, du meine kleine Orchidee.

Der Alltag schleppt sich trüb dahin

Und meistens ohne jeden Sinn

Und ich lauf mit und kann nur denken:

Könnt ich nur bei der Liebsten sein,

fühlt ich mich nicht mehr schwach und klein

und würde dieses Lied ihr schenken.

Durch dich bin ich unendlich reich,

und ganz entblößt vor dir zugleich

und ganz egal wohin ich gehe,

ich trag dich bei mir in der Brust

und all mein tonnenschwerer Frust

wird durch dich leicht, du meine kleine Orchidee.

Manchmal seh ich uns beide an

Und komme zu dem Schluss: ich kann

Wahrscheinlich niemals ganz begreifen,

welche unendlich große Macht

uns in dieser Gewitternacht

zusammenführte, die wir so weit schweifen.

Dann zäum' ich die Gedanken ein.

Leben kann doch so seltsam sein,

dass ich es besser nicht verstehe.

Ich schau dich an und bin befreit,

mein Raumschiff durch Verdruss und Leid,

Du meine Liebe, meine kleine Orchidee!

Auf ins Grab

Ich bin leer,

aus dem Lot,

kann nicht mehr,

ich bin tot.

Bin so schwach,

ausgebrannt,

was ich mach,

was ich fand,

bringt mich um,

was ich will,

ist so dumm,

bin ganz still.

Keinen Sinn

Hat das mehr,

wo ich bin,

ist's so schwer.

Aufs Schafott,

kleiner Zwerg,

alles Schrott,

all mein Werk.

Was ich wollt

War nie gut,

rot und hold

fließt mein Blut.

Alles fort,

was ich hab,

ab von Bord,

auf ins Grab!

<u>Späte Wache</u>

Geh, dieweil der Mond mir leuchtet,

An den Zinnen auf und ab,

Wein, der mir die Kehl' befeuchtet,

sonst ich kein' Gesellschaft hab'.

Damen, Herr'n und Knechtschaft lachen,

weil sie in der Wärme sind,

doch ich muss hier oben wachen,

Sinne trüb und kalt der Wind.

Stütz' mich auf die Balustrade,

dass ich mir was Gutes tu.

Grillen spiel'n ,ne Serenade,

stör'n mit ihrem Lied die Ruh.

Doch ich lass sie gerne singen,

atme durch und schick' mich drein.

Niemand wird mir sonst was bringen,

muss mir wohl genüge sein.

Höre, wie die Rösser schnauben,

scharr'n auch manchmal mit dem Huf.

Da, von fern, könnt' ich fast glauben,

hör ich einen Eulenruf.

Willst du mir Gesellschaft leisten,

mit mir auch hier oben stehn,

jetzt, wo deine allermeisten

Brüder grad zu Bette geh'n?

Mücken heben sich zum Tanze,

zieh'n in Schwärmen hoch hinaus.

Halte fester meine Lanze,

gleich was kommt, ich halte aus.

Soll'n sie kommen mit Ballisten,

Keulen, Pfeilen, Speer und Schwert.

Gleich ob Heiden oder Christen,

keinem wird sich nicht erwehrt.

Leise geht die Nacht zur Neige,

fern im Osten tagt es schon

Lerchen greifen froh zur Geige,

Sonne bringt den Wächterlohn.

Wieder eine Nacht verstrichen,

nicht mehr dunkel, kalt und still.

Lausch' voll Glück dem morgendlichen

Treiben, das erwachen will.

Verfall

Einst noch kühle, junge Wilde,

vom ersten Frühlingstau benetzt,

Schwert und Drachen auf dem Schilde,

so wird man in die Welt gesetzt,

soll dort klug und redlich handeln

bedächtig, nach der Alten Sinn,

nicht auf Teufelswegen wandeln -

ein immergleicher Neubeginn.

Alles muss sich stets verändern,

nichts bleibt sich selbst für immer treu,

die Zeit verrinnt in viel'n Gewändern,

erst löscht sie aus, dann schafft sie neu.

Nur der Mensch mag sich nicht fügen.

In seiner falschen Frömmigkeit

reicht es ihm nicht, sich zu begnügen

Mit harrender Gelassenheit.

Mit schier unanständ'gem Wüten

Entstell'n wir unsern Lebensraum,

denn seine Blätter, seine Blüten

berühr'n uns nicht - wir seh'n sie kaum.

Immer ist's uns ein Bestreben,

weiter zu formen noch und noch,

doch die Erde möchte leben

und zwar von selbst - wir seh'n es doch.

Endlich müde vom Gestalten,

stellt der Mensch sein Hasten ein,

ganz erlahmt und voller falten,

gestaucht, geduckt, devot und klein.

Manche gehen auch am Stabe,

löffeln sich Suppe in den Schlund,

krächzen wie ein alter Rabe,

gebrochen, welk und moribund.

Einst noch kühle, junge Wilde,

vom ersten Frühlingstau benetzt,

nun gelöst und altersmilde,

ganz in inn'rer Ruhe jetzt.

Dies heißt für mich wahres Leben,

niemals verzweifeln am Verfall,

denn nach dem Nehmen folgt ein Geben

und dies' Gesetz gilt überall!

An Pegasos II

Nun hast du mich weit getragen

Und mit Worten mich gefüllt,

beseelt und angezündet, tief erleuchtet und berauscht.

Kann nun wieder alles wagen,

denn in dein Feuer gehüllt,

hab' ich mein Zaudern gegen deine Kräfte eingetauscht.

Soll'n mich neue Zweifel quälen,

sollt' ich zögern, denk ich dran,

wie du mich in der Seele aufgeweckt hast und berührt.

Dann will ich davon erzählen,

hoffend, dass ich es noch kann,

auf das auch mancher Andere dein Feuer in sich spürt.

Danksagung

Ich danke meinen zahlreichen literarischen Vorbildern wie Erich Mühsam, Erich Maria Remarque, Erich Kästner, Wolfgang Borchert, Kurt Tucholsky, Heinrich Heine, Heinrich Mann, Hannah Arendt, Astrid Lindgren, Hermann Hesse, Heinrich Böll, Annette von Droste-Hülshoff, Alexander Moritz Frey, Walther von der Vogelweide, Georg Büchner, Max Frisch, Marie von Ebner-Eschenbach, Ernst Toller, Michael Ende, Otfried Preußler, Max Kruse, Robert Gernhardt, Wilhelm Busch, Miguel de Cervantes, Cornelia Funke, Tad Williams, Walter Moers, Suzanne Collins und Bernhard Hennen, sowie den Liedermachern Klaus Hoffmann, Hannes Wader, Konstantin Wecker und ganz besonders Reinhard Mey.

Sie alle haben mir den Mut gegeben, meine Gedanken in der Hoffnung auf ein Echo in die Welt hinaus zu schreien. Danke dafür!
Mein Dank gilt weiterhin meiner Familie, den größten Fans und schärfsten Kritikern, welche ein Autor sich nur wünschen kann.

Ferner danke ich allen, die durch ihre physische und psychische Unterstützung zum Gelingen dieses Wagnisses beigetragen haben.

Danke an euch alle, dass mein Mut ungebrochen ist und ich, trotz all der wunden und schmerzhaften Stellen in mir, welche in diesen Gedichten ihren Niederschlag fanden, mich weiterhin zum Leben und erleben in der

Lage sehe. Danke dafür, dass noch so viele halbfertige Notizen auf meinem imaginären Schreibtisch liegen und ein Ende der Kreativität nicht in Sicht ist. Wenn ich morgen mit aller jugendlichen Nonchalance und voller Elan diese Notizen zu einem Ende führen kann, habe ich das nur euch zu verdanken, meinen Freunden im Leben und im Geiste.

Herstellung und Verlag: BoD – Books on Demand, Norderstedt
ISBN: 978-3-7519-0650-0